Ça s'est passé où ?

Une histoire de France

Cécile Guibert Brussel & Lise Herzog

Éditions du Centre des monuments nationaux
Patrimoine nationaux

LA PRÉHISTOIRE

L'ANTIQUITÉ

LE MOYEN ÂGE

L'ÉPOQUE MODERNE

L'ÉPOQUE CONTEMPORAINE

Homo sapiens, les premiers artistes

La grotte de Font-de-Gaume

Né en Afrique, ***Homo sapiens*** est déjà un homme semblable à nous. Quand il arrive en Europe, il se déplace en petits groupes et survit en pratiquant la chasse et la cueillette. Ces chasseurs-cueilleurs s'installent, il y a environ 30 000 ans, dans le Périgord où ils profitent des abris naturels des falaises et s'approvisionnent facilement en **silex**, bois, gibier et poisson.

C'est au **paléolithique supérieur** que les hommes couvrent les parois des grottes de leurs dessins. Ces artistes possèdent un savoir-faire technique remarquable.

À Font-de-Gaume, les hommes s'enfoncent profondément dans une tortueuse galerie souterraine longue de 120 mètres. Tout au fond, loin de la lumière,

les artistes réalisent plus de 200 gravures et peintures. Ils jouent avec le relief des parois pour créer des silhouettes en volumes.

Ces figures représentent des animaux, pour certains disparus : un affrontement de rennes répond aux hennissements de chevaux, un loup aux oreilles pointues apparaît, des bisons forment une troupe de bêtes sauvages. Au fond de la caverne, un ours dressé sur ses membres attend.

Avant l'apparition de l'écriture, l'homme utilise la peinture pour s'exprimer. Les scènes peintes dans les grottes ont un sens qui reste pour nous un mystère.

Les artistes peignent à la main ou avec un pinceau. Ils utilisent des matériaux ramassés dans la vallée ou dans la grotte. Les pigments, qui permettent d'obtenir une couleur, sont d'origine minérale et végétale. Après avoir été broyés et réduits en poudre dans un mortier, ils sont mélangés à de l'eau ou à une graisse végétale.

Le mystère des mégalithes

Les alignements de Carnac

Il y a 5 800 ans environ, les chasseurs-cueilleurs de nos régions deviennent sédentaires.
Ces hommes du néolithique ont besoin de clairières pour construire leurs maisons, de champs pour cultiver et de prairies pour les bêtes.
Ils déboisent la forêt, plantent légumes et céréales, et stockent les grains dans des silos enterrés à l'abri de l'humidité et des rongeurs.
Les éleveurs domestiquent le mouton, la chèvre, puis le bœuf et le porc, qu'ils apprennent à soigner et à nourrir durant l'hiver.

Vers 4500 avant notre ère, à Carnac, en Bretagne, quelques villages forment une communauté,

avec un chef, des prêtres et des architectes. Les hommes érigent des monuments de grandes tailles, les mégalithes. Les alignements regroupent 3 000 pierres dressées. Les bâtisseurs tractent chaque menhir sur un radeau fabriqué en troncs de chêne, qu'une dizaine d'hommes soulèvent à l'aide d'un levier en bois et de cordes. Le bloc est ensuite glissé dans une fosse peu profonde qui le stabilise.

D'autres monuments sont constitués de pierres dressées recouvertes d'une dalle, que l'on appelle « dolmens ». Ces constructions, cachées dans un tumulus, sont probablement des tombeaux qui ont pu accueillir le corps de chefs ou de personnages importants.

À ce jour, la fonction des mégalithes des alignements de Carnac demeure un mystère.

Vercingétorix et le siège d'Alésia

L'oppidum d'Alésia

Afin d'asseoir son pouvoir au **Sénat**, César souhaite coloniser la **Gaule** : dès 58 av. J.-C., il soumet des territoires, de la Belgique à l'Aquitaine.

Mais en 53 av. J.-C., Vercingétorix, jeune aristocrate gaulois de la tribu des Arvernes, s'insurge. Enfant, selon la coutume de l'époque, ce fils de chef gaulois est envoyé trois ans à Rome pour y être éduqué « à la romaine ». Il reçoit une formation politique et militaire qu'il va mettre à profit. Il convainc plusieurs tribus de résister pour conserver leur indépendance. Réunies à Bibracte, elles le nomment à l'unanimité chef du peuple gaulois. En 52 av. J.-C., les troupes gauloises remportent leur première victoire à Gergovie.

Cependant, attaqués par la légion romaine, Vercingétorix et ses 80 000 soldats sont contraints de battre en retraite et de se retrancher dans l'oppidum d'Alésia. Fin stratège, César encercle la place forte d'une double rangée de fortifications. Le siège débute. Bien que protégées par des falaises infranchissables, les troupes gauloises sont prisonnières des assiégeants. Affamés et épuisés par les batailles, les hommes meurent par milliers.

Une nuit pourtant, des cavaliers gaulois parviennent à sortir pour chercher des renforts. En quelques jours, 250 000 soldats alliés des Gaulois se rassemblent autour d'Alésia. La terrible bataille qui s'engage laisse la victoire incertaine jusqu'au dernier moment. Mais au petit matin, Vercingétorix et ses chefs militaires savent qu'ils ont perdu la bataille, trahis par les Éduens. Espérant sauver leur vie, ils jettent leurs armes par-dessus les remparts. Les Gaulois se rendent aux légionnaires romains qui les enchaînent et les livrent à César.

Le culte impérial sous le règne d'Auguste

La cité de Glanum

La ville de Glanum appartient à la province romaine de Narbonnaise, qui s'étend le long de la Méditerranée et qui, contrairement au reste de la Gaule, devient romaine dès 120 av. J.-C. Les Gaulois de Narbonnaise adoptent les modes de vie et les coutumes des Romains : leur langue, leur administration, leur architecture, leurs vêtements et leurs dieux. La ville se transforme sur le modèle de Rome avec la construction de **thermes**, d'un théâtre, d'un temple, d'un réseau d'**adduction d'eau** et d'égouts. Le forum accueille des bâtiments administratifs et politiques, des commerces et un marché. Les guerres de conquête de Jules César soumettent toute la Gaule au Sénat romain.

L'Empire romain impose une période de paix sur les régions contrôlées : la *Pax romana*.

Jules César, qui n'a pas de fils, adopte le jeune Caius Octavius. Après la mort de César, Octave devient, en 27 av. J.-C., le premier empereur romain sous le nom d'Auguste. Il réorganise la Gaule et choisit Lyon pour capitale, créant trois grandes provinces : la Belgique, la Gaule lyonnaise et l'Aquitaine. Pour relier les villes de l'Empire, il fait construire une voie romaine de 80 000 kilomètres, des ponts et des aqueducs.

Auguste appuie son autorité sur l'administration et sur l'armée. Pour que chacun le reconnaisse, des statues et des pièces de monnaie à son effigie circulent dans l'Empire. Il instaure le culte impérial, bientôt obligatoire à Glanum comme dans les autres cités. Des temples sont élevés à sa gloire et à celle de sa famille. Tel un dieu, il est célébré par les habitants et les prêtres lors de processions, de jeux et de spectacles ; parfois même on sacrifie des animaux en son nom.

Le siège de Paris par les Vikings

L'île de la Cité

Venus de Scandinavie, les Nordman (hommes du Nord), appelés aussi Vikings, entreprennent au milieu du VIIIe siècle des expéditions maritimes pour acheter et vendre des marchandises comme l'ivoire de morse, la fourrure, l'or ou les épées. De nouveaux ports et comptoirs apparaissent sur ces voies commerciales. Habiles marins, les Vikings construisent des bateaux comme le *knorr* pour la navigation en haute mer ou le *langskip* en cas d'invasion et de bataille. À bord, tous les hommes rament.

Dès 790, certains Vikings basculent dans la piraterie. Ils extorquent à une population effrayée chevaux et vaches, trésors des églises ou denrées précieuses, tel le sel

de Noirmoutier. Ces pillards sèment la terreur en enlevant hommes, femmes et enfants qu'ils vendent comme esclaves ou échangent contre rançon. Les rois **carolingiens** tentent sans succès de protéger les populations.

En 885, le chef viking Siegfried remonte la Seine jusqu'à Paris. Là, les ponts fortifiés bloquent les bateaux avant l'île de la Cité. Les Vikings lancent alors l'assaut à l'aide de barques enflammées, de béliers et de **catapultes**. Rien n'y fait, la population résiste. Commence un terrible siège de dix-huit mois : les habitants endurent le froid, la faim et la misère. Le jeune Eudes, comte de Paris, épaulé par l'**évêque** Gauzlin, organise la défense de la Cité. La ville est libérée avec le renfort de l'empereur Charles le Gros. Ces invasions s'achèvent en 911 lorsque le roi Charles le Simple signe le traité de Saint-Clair-sur-Epte avec le chef viking Rollon. Ce dernier s'engage à empêcher les Scandinaves de remonter la Seine ; en échange, le roi lui offre un territoire : la Normandie.

La Sainte-Chapelle de Louis IX

Le palais de la Cité

Louis IX n'a que douze ans quand il monte sur le trône. Sa jeunesse est une menace pour la **dynastie**, car elle offre aux puissants seigneurs du royaume une occasion de prendre le pouvoir. Sa mère, Blanche de Castille, qui a donné au roi une éducation chrétienne et sévère, s'empresse d'organiser son **sacre** en la cathédrale de Reims et assure la **régence**.

Capitale du royaume, Paris est alors une grande ville moderne, grâce à son université, à ses quartiers d'artisans et à sa majestueuse cathédrale gothique. Devenu adulte, le roi s'occupe des pauvres et des malades et fonde l'hôpital des Quinze-Vingt et l'Hôtel-Dieu. Ce règne est marqué par la réforme de la justice et l'organisation administrative du royaume,

avec la création de la chambre des comptes, du Parlement et d'une monnaie unique.

Louis IX se montre diplomate et pacificateur : il conclut la paix avec le roi d'Angleterre et lutte contre les guerres privées entre seigneurs. Fervent chrétien, il achète en 1239 la couronne d'épines du Christ à l'empereur de Constantinople pour une somme astronomique. Fidèle au serment du sacre, le roi met son épée au service de Dieu et part en **croisade**. Prisonnier lors de la septième croisade, il n'est libéré qu'en échange d'une rançon. De retour à Paris, Louis IX fait construire entre 1241 et 1248 la Sainte-Chapelle au sein du palais royal pour y abriter les précieuses **reliques** du Christ.

Lors de la huitième croisade, il meurt de dysenterie en Tunisie. Il est alors canonisé, c'est-à-dire déclaré saint par l'Église. Il est aujourd'hui connu sous le nom de Saint Louis.

Le siège du Mont-Saint-Michel

Le Mont-Saint-Michel

En 1328, le roi Charles IV s'éteint sans successeur. Deux hommes prétendent alors au trône : Philippe de Valois et Édouard III d'Angleterre. C'est de cette guerre de succession que naît la guerre de Cent Ans.

Entre la Normandie et la Bretagne, le Mont-Saint-Michel est, de par sa position, une place forte que les marées isolent deux fois par jour. Aucun bateau ennemi ne peut l'approcher par surprise, car le rocher, haut de 85 mètres, offre un point de vue dégagé sur toute la baie.

Au début du XVe siècle, les troupes anglaises occupent un îlot voisin, le rocher de Tombelaine, et y construisent un fort, tandis qu'une grande partie

de la Normandie est désormais entre leurs mains. La défense du Mont, bastion de résistance, est confiée au connétable Bertrand Du Guesclin. Des travaux de fortifications sont entrepris. Des courtines et des tours de pierre remplacent les fragiles enceintes de bois. Le village, désormais bien protégé, se dote d'une énorme citerne d'eau douce, essentielle en cas de siège. Le duc de Normandie y établit une garnison de 120 soldats.

En 1424, les Anglais assiègent puis attaquent le Mont par la mer. Le duc de Bretagne envoie des navires qui, après une sanglante bataille, repoussent la flotte ennemie. Les renforts venus de Saint-Malo parviennent à maintenir le ravitaillement du Mont-Saint-Michel par la mer. Les Anglais multiplient les attaques et bombardent le mont, provoquant de graves incendies et ouvrant une brèche par laquelle ils s'engouffrent. Repoussés, ils s'enfuient en abandonnant leurs bombardes : le Mont est une forteresse imprenable.

Les navires de Jacques Cœur

La cité d'Aigues-Mortes

Fondée au XIIIe siècle par Louis IX, la cité royale d'Aigues-Mortes, dominée par la tour-donjon de Constance, est le seul port du royaume de France sur la Méditerranée. Philippe III le Hardi fortifie la ville par un rempart, qui protège aussi les habitants des animaux sauvages, des épidémies et des brigands.

À cette époque, des ports tels que Gênes et Venise, situés sur les routes du commerce maritime, deviennent de riches cités marchandes. De multiples navires sillonnent la Méditerranée de l'Afrique à l'Europe, embarquant draps et fourrures revendus en Orient. Ils en rapportent des épices, de l'or et des poteries. Les marchands installent des **comptoirs** de vente dans les ports.

Les produits sont ensuite transportés en chariot sur des routes délabrées. Les hommes se déplacent en groupe, car les brigands sévissent dans les campagnes.

Grand **argentier** du roi Charles VII, Jacques Cœur crée la première flotte royale. En 1443, il commande des **galées** aux chantiers de Gênes. Ces bateaux ayant une faible capacité de stockage, il privilégie le transport de marchandises précieuses, telles que l'argent ou la fourrure.

Cette flotte relie Aigues-Mortes à Alexandrie en Égypte, faisant escale à Marseille et à Rhodes. À bord, la vie des marins est difficile : puces, poux et rats pullulent. L'eau douce croupit jusqu'à devenir imbuvable. Sans compter les pirates, qui attaquent régulièrement les navires marchands.

À cette époque, des progrès techniques améliorent la navigation : la boussole, l'**astrolabe**, la carte marine, qui rendront bientôt possibles les grandes découvertes du XVIe siècle.

François Ier, du latin au français

Le château de Villers-Cotterêts

Les conflits se succèdent sous le règne de François Ier. À peine couronné, le souverain part à la conquête de l'Italie. Du haut de ses deux mètres, il n'a que vingt ans quand il gagne la bataille de Marignan en 1515. Fait prisonnier en 1525 par Charles Quint après la défaite de Pavie, le roi de France n'est libéré qu'un an plus tard, en échange de ses deux fils.

En Italie, François Ier a été émerveillé par la beauté des palais et des œuvres d'art de la Renaissance italienne. Il revient accompagné d'architectes et d'artistes italiens.

Il invite Léonard de Vinci à venir résider dans le Val de Loire. Âgé de soixante-trois ans, le peintre et savant traverse les Alpes à dos d'âne, emportant avec lui le portrait de Mona Lisa, dite *La Joconde*.

Le roi fait construire de somptueux châteaux : Amboise, Blois, Chambord ou encore Fontainebleau.

Séduit par la grande forêt de Retz, il ordonne aussi l'édification de celui de Villers-Cotterêts qu'il surnomme « Mon plaisir ».

À cette époque, dans chaque province, les habitants parlent leur langue, tels l'occitan, le breton, le flamand ou leur **patois**.

Or François Ier, pour assurer son pouvoir, veut unifier la France. L'**ordonnance** de Villers-Cotterêts impose le français comme langue officielle à la place du latin à l'ensemble du royaume pour tous les actes administratifs et les jugements.

Richelieu et le siège de La Rochelle

Le port de La Rochelle

À l'issue des terribles guerres de Religion qui déchirent la France entre catholiques et protestants de 1562 à 1598, le royaume est divisé. Henri IV met tout en œuvre pour rétablir la paix. L'édit de Nantes qu'il promulgue accorde le droit de culte et des droits civils et politiques aux protestants.

Cent cinquante places de sûreté, villes fortifiées dans lesquelles ils peuvent se réfugier en cas de conflit, leur sont attribuées.

La Rochelle est l'une d'elles, car la population est en majorité protestante. En 1620, malgré l'interdiction royale, les protestants y tiennent

une assemblée politique qui proclame son intention de créer un État au sein du royaume de France.

Louis XIII et le cardinal de Richelieu décident d'assiéger la ville. La Rochelle est isolée, encerclée par une tranchée longue de 12 kilomètres et par 20 000 soldats de l'armée royale.

L'Angleterre tente de porter secours aux Rochelais par la mer. Une flotte débarque sur l'île de Ré. C'est un échec cuisant. Pour fermer le port, Richelieu ordonne la construction d'une immense digue en pierres, sur laquelle sont postés des canons pointés vers le large, empêchant tout bateau de sortir ou d'entrer dans le port.

Le siège dure un an. La population, affamée, mange tout ce qu'elle trouve : ânes, chiens, mulets, chats. À peine un quart des habitants survit. En 1628, la ville capitule sans condition. Le roi Louis XIII accorde son pardon aux survivants. Les habitants conservent leur liberté de culte, mais perdent l'autonomie des places de sûreté.

Un jardin à la gloire du Roi-Soleil

Le château de Versailles

Marqué dans son enfance par la révolte parisienne de la **Fronde**, Louis XIV souhaite éloigner le gouvernement et la Cour de la capitale. Il choisit de les installer à Versailles, où son père possédait un pavillon de chasse. Ce site inhospitalier se compose de sables mouvants et de marécages envahis par les moustiques.

La construction du château mobilise 35 000 ouvriers et dure cinquante ans. C'est pour Louis XIV l'occasion de montrer à la France et à l'Europe sa puissance et sa magnificence. C'est aussi le moyen de maintenir sous contrôle les courtisans et les ministres, qu'il garde à ses côtés : le château compte 2 300 pièces pour loger toute la Cour !

Louis XIV confie l'aménagement du parc au jardinier André Le Nôtre. La mode est alors au jardin à la française. La taille des arbres, le dessin des allées et les bassins forment des perspectives et des figures géométriques. Les fontaines et les miroirs d'eau descendent en cascade jusqu'au Grand Canal.

Pour économiser l'eau, car les sources naturelles manquent, les fontainiers, équipés d'un sifflet pour se prévenir à distance, ouvrent les vannes des fontaines sur le passage du roi et les referment après lui. Ces jardins sont l'une des fiertés du souverain, qui écrit lui-même un guide de promenade, *Manière de montrer les jardins de Versailles*.

Des fêtes somptueuses sont organisées à l'occasion de victoires militaires, de visites de souverains étrangers ou de spectacles de danse ou de théâtre. À la nuit tombée, les feux d'artifice jaillissent sur le Grand Canal et les courtisans dansent au bosquet des Rocailles.

Voltaire, un dîner de philosophes

Le château de Ferney

Après le règne de Louis XIV, **monarque absolu**, la France entre dans le XVIIIe siècle avec une grande soif de liberté. Si noblesse et clergé jouissent toujours de leurs privilèges, la critique fait son apparition dans les écrits de philosophes et de savants reconnus. Voltaire, Diderot ou Rousseau et bien d'autres dénoncent ainsi sans relâche l'intolérance, le fanatisme ou l'esclavagisme, mais aussi le pouvoir absolu qui empêche les gens de penser par eux-mêmes. Malgré la **censure**, l'exil ou la prison, leurs idées progressent dans les esprits de ce « siècle des Lumières ».

De plus en plus de personnes savent lire, car les écoles gratuites se multiplient. Curieux et avides de nouvelles

connaissances, les gens se passionnent pour les gazettes vendues par des colporteurs. Les lecteurs se forgent leur propre opinion. Les scientifiques, philosophes et intellectuels tentent de rassembler l'intégralité des connaissances humaines dans des livres, comme dans la publication en série de l'*Encyclopédie* de Diderot et d'Alembert.

C'est aussi l'époque des salons littéraires tenus par des femmes cultivées qui réunissent écrivains, savants, poètes et artistes.

Voltaire, l'un des grands philosophes du siècle des Lumières, s'élève contre les abus de pouvoir et le fanatisme. Ses **pamphlets** lui valent d'être **embastillé**, puis exilé, d'abord à la cour du roi de Prusse, Frédéric II, puis au château de Ferney, près de Genève, où il finit sa vie. Là, au bord du lac Léman, celui que l'on surnomme « Voltaire l'aubergiste » reçoit de toute l'Europe écrivains, philosophes et princes éclairés.

Les derniers jours de Marie-Antoinette

La prison de la Conciergerie

En 1789, la Révolution sonne la fin de la monarchie. L'Assemblée nationale proclame l'abolition des privilèges et la Déclaration des droits de l'homme et du citoyen. En 1791, Louis XVI et sa famille sont enfermés au palais des Tuileries, car ils ont tenté de s'enfuir. Désormais, les pouvoirs sont partagés entre le roi, l'Assemblée nationale et les juges élus.

Le 10 août 1792, les **sans-culottes** parisiens attaquent les Tuileries. Le roi et sa famille sont emprisonnés au Temple. Le 21 janvier 1793, sur décision du **Tribunal révolutionnaire**, Louis XVI est guillotiné.

La reine est transférée à la Conciergerie. Huit cents prisonniers y sont enfermés dans des cellules

dont le confort dépend de leurs moyens financiers. Les pailleux dorment sur la paille dans des cellules collectives, sales, envahies par les rats et la vermine. La chambre « à la pistole » est une petite cellule, dans laquelle quatre « privilégiés » dorment sur des lits à sangle. Marie-Antoinette, comme les prisonniers de marque, dispose d'une cellule individuelle meublée qu'elle partage avec les gardes qui la surveillent continuellement.

La journée, les prisonnières se promènent dans la cour des Femmes. Elles lavent leur linge à la fontaine et prennent parfois leur repas sur la table de pierre. Au fond, derrière les grilles, les prisonniers font leurs derniers adieux en attendant la charrette pour l'échafaud. C'est dans ce « coin des douze » que Marie-Antoinette, condamnée à mort la veille par le Tribunal révolutionnaire, part pour la guillotine le 16 octobre 1793.

Le sacre de Napoléon Ier

La cathédrale Notre-Dame de Paris

En 1799, le général Napoléon Bonaparte s'empare du pouvoir dans le cadre d'un nouveau régime : le **Consulat**. Devenu Premier Consul, il concentre tous les pouvoirs entre ses mains.
Mais l'opposition gronde, en particulier les royalistes qui fomentent complots et attentats. Bonaparte décide alors de renouer avec la tradition du sacre royal, cherchant ainsi à affirmer sa légitimité auprès des catholiques et des empereurs étrangers. Par un décret du **Sénat**, il est élevé à l'âge de trente-cinq ans à la dignité impériale.

Le sacre se déroule à Notre-Dame de Paris. Napoléon exige la présence du pape, Pie VII.

Le 1er décembre 1805, salves de canon et cloches annoncent la cérémonie à toute la capitale.
Le lendemain matin, par un froid glacial, le cortège impérial quitte les Tuileries enneigées pour rejoindre la cathédrale. Napoléon et son épouse, Joséphine de Beauharnais, ont pris place dans le carrosse, escortés par des mamelouks et des musiciens. L'équipage traverse un Paris fraîchement rénové. Les sols ont été repavés et sablés. Devant la cathédrale, des maisons ont été abattues pour dégager le parvis. Tout un décor provisoire a été installé sur l'île de la Cité.

En présence de la famille Bonaparte, de grands dignitaires, d'anciens révolutionnaires et des ministres, la cérémonie est présidée par le pape. Mais, contrairement à la coutume, c'est Napoléon lui-même qui pose sur sa tête la couronne impériale, que Pie VII doit se contenter de bénir. L'empereur se distingue par ce geste de la tradition monarchique.
Il couronne ensuite son épouse.

L'obélisque de Louxor

La place de la Concorde

En 1822, Jean-François Champollion déchiffre des **hiéroglyphes** grâce au texte gravé sur une stèle, la **pierre de Rosette**, découverte pendant la campagne d'Égypte de Napoléon. Il donne ainsi accès à l'écriture des anciens Égyptiens. En 1830, le vice-roi d'Égypte offre à la France les deux **obélisques** érigés par Ramsès II devant le temple de Louxor, sur les bords du Nil. C'est Champollion qui est chargé par le roi de choisir lequel des deux doit être abattu et envoyé en France. Un navire est spécialement construit pour le transporter. Il quitte Toulon en avril 1831, remonte les 850 kilomètres du Nil

et embarque l'obélisque le 19 décembre de la même année. Il n'atteint Paris qu'en 1833.

Les Français, qui se passionnent alors pour l'Égypte, débattent sur son futur emplacement : le Louvre, la Madeleine, les Invalides ? Le roi Louis-Philippe décide que l'obélisque égyptien sera érigé place de la Concorde, remplaçant un monument élevé en l'honneur de Louis XVI, décapité en ce même lieu. Au sortir de la Révolution, les Français aspirent à l'ordre, à la paix et à la réconciliation…

Le 25 octobre 1836, une foule compacte se presse place de la Concorde devant l'hôtel de la Marine : 300 artilleurs et marins, s'aidant de dix **cabestans**, installent ce bloc de granit rose qui s'élève à 23 mètres et pèse 230 tonnes. La famille royale assiste à la cérémonie depuis le premier étage du Garde-Meuble, le futur ministère de la Marine. Quand l'obélisque se dresse au-dessus des toits de Paris, 200 000 personnes applaudissent l'événement.

Les funérailles de Victor Hugo

De l'Arc de triomphe au Panthéon

Né en 1802, Victor Hugo est une gloire nationale qui a traversé cinq régimes politiques et s'est imposé comme le chef de file du romantisme. En 1831, son roman historique *Notre-Dame de Paris* est son premier succès.

Homme de convictions, Victor Hugo a mené bien des combats. Avec son roman *Le Dernier Jour d'un condamné*, il dénonce la peine de mort. Dans *Les Misérables*, il s'attaque aux inégalités de la société.
Maire d'arrondissement à Paris, puis député sous la IIe République, il s'oppose vigoureusement à Louis Napoléon Bonaparte, ce qui le contraint à un long exil. Sa mort, à Paris, en 1885, provoque une grande émotion dans tout le pays.

Des funérailles nationales sont organisées, et Victor Hugo entre au Panthéon, où sont enterrées des personnalités marquantes de l'histoire française. La foule est venue se recueillir devant le sarcophage, placé sous l'Arc de triomphe voilé de noir. Les boutiques sont fermées. Les enfants montent sur des échelles pour voir passer le cercueil.

Pas un balcon, un toit, un arbre où n'apparaisse une tête ! En ce 22 mai, une chaleur accablante s'est abattue sur Paris, un million de Parisiens se tient sur le parcours qui mène le cercueil de l'Arc de triomphe au Panthéon. À 11 heures du matin, au son du canon des Invalides et au rythme lent des tambours, le cortège se met en branle.

Derrière la voiture noire que précède la Garde républicaine à cheval, un enfant marche seul : Georges, le petit-fils d'Hugo. Des fleurs ont été envoyées du monde entier. Cent cinquante colombes sont lâchées quand le cortège traverse la place de la Concorde. Il lui faut sept heures pour atteindre le Panthéon, où le cercueil est enfin descendu dans le caveau réservé.

Les expositions universelles

De la tour Eiffel au Trocadéro

Depuis 1844 se tiennent en Europe des expositions universelles : chaque pays participant y dispose d'un pavillon pour présenter ses réalisations industrielles.
Lors de l'Exposition de 1889, année du centenaire de la Révolution française, Paris a vu s'élever la tour Eiffel ! Construite en seulement deux ans, cette structure métallique est alors la plus haute du monde : 312 mètres, que l'on gravit par les escaliers, 1 710 marches pour atteindre le sommet ! Cinq ascenseurs hydrauliques sont ensuite mis en service pour les visiteurs.
Des restaurants, un théâtre et des échoppes s'installent aux deux premiers étages.

Pour l'Exposition de 1900, la capitale accueille 50 millions de visiteurs. Le Petit et le Grand Palais sont édifiés. La circulation est fluidifiée grâce à la toute nouvelle gare d'Orsay, au pont Alexandre-III et à la première ligne de métro. Avec ses quatre wagons rouge et vert, dont l'un est réservé à la première classe, le métro fascine, mais il effraie aussi : une affreuse odeur de goudron s'en dégage et les pires rumeurs circulent sur les risques d'accident.

Les pavillons de l'Exposition universelle occupent les deux rives de la Seine, offrant des centaines d'attractions dont certaines rencontrent un immense succès.

Dans le Grand Globe céleste, les visiteurs observent le mouvement des étoiles et des astres derrière de petits hublots. Près de la galerie des Machines, une roue haute de 100 mètres est équipée de 40 nacelles pour s'élever dans les airs. La fée Électricité est célébrée à travers toutes sortes d'engins qui recourent à cette nouvelle énergie.

Clemenceau au chevet des soldats

Les tranchées de Verdun

Depuis septembre 1914, la guerre qui oppose la France à l'Allemagne s'est stabilisée sur un **front** qui s'étend de la mer du Nord à la Suisse. Dans les **tranchées** qui se font face, les soldats se sont aménagé des conditions de vie sommaires, toujours sous la menace d'une attaque de l'ennemi. La guerre s'éternise, les hommes connaissent de terribles pertes.

En 1916, pour rompre cet enlisement, l'état-major allemand lance dix divisions équipées de 1 200 canons sur Verdun. Cette **offensive** est stratégique : le lieu n'est desservi côté français que par une petite route et une unique voie ferrée, tandis qu'il est au contraire très bien relié à l'Allemagne par 14 voies ferrées. Prendre Verdun ouvrirait une brèche décisive dans le front.

Le général Pétain organise la logistique. Des camions transportent en urgence les munitions, le matériel, les vivres et les hommes vers Verdun et ramènent du front les soldats blessés et les morts. Sur cette route rebaptisée la *Voie sacrée*, les camions se succèdent jour et nuit au rythme d'un toutes les 10 secondes. Un règlement strict leur interdit de doubler et de stationner : si un camion tombe en panne, il est immédiatement poussé dans le fossé.

La terrible bataille de Verdun dure onze mois. En 1917, des mutineries éclatent. Georges Clemenceau, le président du Conseil, se rend régulièrement dans les tranchées pour soutenir le moral des soldats. Sous la neige, parfois à pied, sur des routes défoncées, il partage le dur quotidien des poilus qui, à la fin de la guerre, lui donnent le surnom de « Père la Victoire ».

Les congés payés

De la gare du Nord à Berck-Plage

La France des années 1930 traverse une crise économique et les groupes d'extrême droite se multiplient. Inquiets face à cette montée du **fascisme**, les partis politiques de gauche s'allient et forment le **Front populaire**. Leur victoire aux élections soulève beaucoup d'espoir parmi les ouvriers, qui se mettent en **grève**, revendiquant de meilleures conditions de travail et une augmentation de salaire. Ils occupent les cours d'usine, jouant aux cartes et dansant au son de l'accordéon. La grève généralisée paralyse l'activité du pays.

Les accords de Matignon qui mettent fin à ces grèves donnent naissance aux premiers congés payés.

Tous les salariés peuvent désormais partir en vacances, aidés par le gouvernement qui crée un « billet de train de congé annuel ». Des trains spéciaux desservent toute la France, du Pays basque à la Normandie, du Poitou à la Côte d'Azur. Des foules de voyageurs se pressent dans les gares parisiennes. Proche de Paris, la Côte d'Opale, dans le Pas-de-Calais, connaît un succès fulgurant. De la gare du Nord à Berck-Plage, c'est un flot continu de vacanciers qui vont et viennent.

Rien n'arrête les Français. La plupart partent dans leur famille, en province, pique-niquant sur les bords de route, se baignant dans les rivières. Les jeunes préfèrent le tandem et s'endorment le soir venu sous la tente ! À Berck-Plage, où apparaissent les premiers maillots deux pièces, les vacanciers participent à des cours de gymnastique collectifs sur la plage. On savoure ensemble la joie d'être en vacances ! Tout le bonheur d'un été !

Paris libéré

Les Champs-Élysées

Depuis la défaite militaire de juin 1940, Paris et tout le nord de la France vivent sous occupation allemande. Dès 1942, l'Allemagne connaît ses premières défaites. En juin 1944, les Américains, les Britanniques et les Forces françaises libres débarquent en Normandie et prennent par surprise les troupes allemandes.

À Paris, chacun retient son souffle, car personne n'ignore que des combats font rage en Normandie. Épuisés, les Parisiens souffrent de la faim, car la nourriture est réquisitionnée par les Allemands. En août, 50 000 soldats alliés débarquent en Provence.

Mi-août, les francs-tireurs et partisans français (FTPF) placardent des appels à la mobilisation générale sur les murs de la capitale. Les cheminots bloquent les trains. Les policiers s'habillent en civil, afin de ne pas être reconnus et désarmés par les occupants.

Les appels à l'insurrection se multiplient. Les **résistants** occupent l'Hôtel de Ville et la préfecture de police. La population construit des barricades à chaque coin de rue et les combats font rage. Le 24 août, les premiers chars, commandés par le général Leclerc, entrent dans la capitale. Paris est libéré.

Les cloches de Notre-Dame sonnent, la population est en liesse dans la rue !

Le 26 août, un immense défilé mené par le général de Gaulle descend triomphalement les Champs-Élysées.

Mai 68,
les révoltes étudiantes

La Sorbonne

Au printemps 1968, des manifestations immenses bouleversent la France, que dirige depuis dix ans le général de Gaulle, déjà assez âgé. Malgré les **Trente Glorieuses** qui apportent la prospérité, tout le monde n'est pas heureux...

Ce sont les étudiants qui se révoltent les premiers. Ils ont très peu de liberté et la vie que leur impose la société française traditionnelle ne correspond plus du tout à ce qu'ils désirent : plus d'autonomie. La faculté de Nanterre se révolte en mars et toutes les autres l'imitent. Les étudiants de la Sorbonne se rassemblent dans la cour

et font de leur université un bastion.
Leurs slogans sont clairs : « Il est interdit d'interdire ! » ou encore « Prenez vos désirs pour la réalité ! ».

Afin de maîtriser la révolte, la police entre dans la Sorbonne pour ramener l'ordre, en vain. Des combats de rue embrasent le Quartier latin, et le 10 mai a lieu une terrible « nuit des barricades » : les étudiants barrent des rues et jettent des pavés sur les policiers. Bientôt, ils sont rejoints par les ouvriers, qui se mettent en grève, puis par les cheminots, les journalistes, etc. Les écoles et les magasins ferment, les usines s'arrêtent, les trains aussi, les employés ne vont plus travailler… La France est paralysée.

De Gaulle est obligé de négocier un accord. Mai 68 a profondément modifié l'état d'esprit des gens, qui ne percevront plus la jeunesse comme avant, et fait souffler un vent de liberté !

LA PRÉHISTOIRE

On appelle « préhistoire » la période qui s'étend entre l'apparition de l'homme et l'invention de l'écriture, vers 3300 avant notre ère.

Homo sapiens, les premiers artistes

La grotte de Font-de-Gaume

p. 4-5

Homo sapiens
Il s'agit de la dernière branche de l'espèce humaine, à laquelle nous appartenons. Elle est apparue en Afrique il y a environ 300 000 ans, puis s'est étendue sur les autres continents. Les autres branches de cette espèce (comme l'homme de Neandertal) ont disparu.

Paléolithique supérieur
Cette période de la préhistoire s'étend de 35 000 à 10 000 avant notre ère. Elle est aussi appelée « âge de la pierre taillée ».

Pigment
Poudre de couleur d'origine végétale ou animale. Insolubles, les pigments se fixent à la surface de l'objet.

Silex
Roche très dure que les hommes préhistoriques utilisent comme outil après l'avoir taillée.

Le mystère des mégalithes

Les alignements de Carnac

p. 6-7

Mégalithe
Monument préhistorique composé de gros blocs de pierres.

Menhir
Monument formé d'un gros bloc de pierre dressé verticalement. Ce mot vient du breton, langue dans laquelle il signifie « pierre longue ».

Néolithique
Cette période de la préhistoire s'étend de 6500 à 3900 avant notre ère. On lui donne aussi le nom d'« âge de la pierre polie ».

Sédentaire
On qualifie de sédentaires les civilisations dont l'habitat est fixe, par opposition aux nomades qui se déplacent pour trouver leur nourriture.

Tumulus
Il s'agit d'un amas de pierres et de terre. Ce monticule est destiné à recouvrir une tombe.

L'ANTIQUITÉ

Cette longue période débute avec l'invention de l'écriture (vers -3300) et s'achève avec la chute de l'Empire romain d'Occident en 476.

Vercingétorix et le siège d'Alésia

L'oppidum d'Alésia

p. 8-9

Éduens
Les Éduens sont un peuple gaulois établi dans l'actuelle région du Morvan, en Bourgogne, au sud de l'oppidum d'Alésia.

Gaule
C'est le nom donné par les Romains au territoire qu'ils conquièrent au Ier siècle av. J.-C. et qui englobe essentiellement la France actuelle, la Belgique, la Suisse et l'Italie du Nord. Il est surtout peuplé de tribus celtes et aquitaines.

Légionnaire
Soldat de l'armée romaine.

Oppidum
Fortification celtique, généralement située en hauteur, par exemple sur une colline. L'oppidum est un lieu de refuge et de rencontre.

Sénat
Le Sénat est l'assemblée qui administre et gouverne la République romaine. Il approuve les lois, gère les finances de l'État, dirige la politique extérieure et contrôle les opérations militaires entreprises par les généraux.

Siège
Opération militaire offensive autour d'une ville ou d'une place forte. Le siège consiste à faire encercler la place par l'armée pour empêcher le ravitaillement des ennemis retranchés à l'intérieur et les obliger à se rendre pour ne pas mourir de faim.

Le culte impérial sous le règne d'Auguste

La cité de Glanum

p. 10-11

Adduction d'eau
Ensemble des techniques et des installations mises en place pour transporter l'eau de sa source à son lieu de consommation.

Aqueduc
Canal creusé ou construit pour conduire l'eau d'un point à un autre. Il prend parfois la forme d'un pont pour apporter l'eau des campagnes vers les villes.

Pax romana
Cette expression latine, qui signifie « paix romaine », caractérise la période des Ier et IIe siècles, au cours de laquelle l'empire romain connut un apaisement. La *Pax romana* renvoie aussi au fait que, sous la tutelle romaine, les tribus conquises ne s'affrontaient pas.

Thermes
Il s'agit de vastes établissements de bains publics dans lesquels les Romains pouvaient se laver, se détendre, se faire masser, pratiquer divers sports (lutte, jeux de balles...) et se rencontrer pour discuter. De nombreux thermes ont été installés dans la Gaule romaine.

LE MOYEN ÂGE

Période de l'histoire occidentale qui débute à la chute de l'Empire romain d'Occident, en 476, et s'achève avec la découverte de l'Amérique par Christophe Colomb, en 1492.

Le siège de Paris par les Vikings

L'île de la Cité

p. 12-13

Carolingiens
Dynastie de rois qui régnèrent sur la *Francia occidentalis* du VIIIe au Xe siècle. Ils sont les descendants de Pépin le Bref, qui prend le pouvoir au dernier roi mérovingien en 751, et de son fils, l'empereur Charlemagne (*Carolus*), de qui ils tiennent leur nom.

Catapulte
Machine de guerre destinée à lancer des projectiles (pierres, flèches, etc.).

Évêque
Dignitaire religieux nommé par le pape, l'évêque est placé à la tête d'un territoire appelé diocèse. C'est un personnage important de l'Église catholique.

La Sainte-Chapelle de Louis IX

Le palais de la Cité

p. 14-15

Croisade
Expédition militaire religieuse entreprise à l'initiative du pape, visant à délivrer Jérusalem, ville sainte des chrétiens, alors occupée par les musulmans. Huit croisades eurent lieu entre le XIe et le XIIIe siècle.

Dynastie
Suite de rois appartenant à la même famille : les souverains se transmettent généralement la couronne de père en fils, mais l'héritier peut aussi être un petit-fils, un cousin ou un neveu. La crise dynastique survient lorsqu'il n'y a pas d'héritier et que la couronne passe à une autre famille.

Régence
Période durant laquelle le roi est mineur : c'est alors un membre de sa famille qui gouverne à sa place. Cette période prend fin à la majorité du roi.

Relique
Objet ou reste corporel ayant appartenu à un saint. Les reliques, au Moyen Âge, faisaient l'objet d'une très grande dévotion et étaient à ce titre extrêmement convoitées, suscitant des trafics de toutes sortes.

Sacre
Cérémonie religieuse célébrée en la cathédrale de Reims au cours de laquelle le souverain légitime est couronné et reçoit de l'Église un pouvoir sacré.

Le siège du Mont-Saint-Michel

Le Mont-Saint-Michel

p. 16-17

Bombarde
Machine de guerre projetant des boulets.

Connétable
Au Moyen Âge et jusqu'au XVIIe siècle, le connétable est le commandant en chef de l'armée royale.

Courtine
En architecture militaire, mur de fortification entre deux tours ou deux bastions. Une enceinte est une alternance de courtines et de tours.

Fortification
Il s'agit d'une construction de défense militaire ; elle est édifiée à titre préventif autour d'une ville ou d'un bourg, et prend dans ce cas l'aspect de tours ou de remparts.

Les navires de Jacques Cœur

La cité d'Aigues-Mortes

p. 18-19

Argentier
Cet officier royal jouait le rôle d'intendant dans les maisons princières et royales. Le grand argentier en revanche était chargé des finances de l'État ; nous l'appellerions aujourd'hui « ministre des Finances ».

Astrolabe
Instrument de mesure en forme de disque plat qui permet de calculer la latitude et la longitude en se fondant sur la position des astres et leur hauteur.

Comptoir
Afin de commercer plus facilement avec les pays lointains (Chine, Inde…), les Européens y installent des comptoirs permanents, qui assurent une présence commerciale sur place.

Galée
Il s'agit d'un navire à rames et à voiles utilisé pour la guerre ou le commerce.

L'ÉPOQUE MODERNE

Période historique qui s'étend de la fin du XVe au XVIIIe siècle : elle commence avec la découverte de l'Amérique en 1492 et s'achève avec la Révolution française en 1789.

François Ier, du latin au français

Le château de Villers-Cotterêts

p. 20-21

Ordonnance
Loi ou décision prise par le roi, qui doit être appliquée dans tout le royaume.

Patois
Langue spécifique à une région et à une communauté, perçue comme inférieure à la langue officielle.

Richelieu, le siège de La Rochelle

Le port de La Rochelle

p. 22-23

Protestant

Les protestants forment depuis le XVIe siècle l'une des branches du christianisme. Ce mouvement, critique vis-à-vis de la religion telle qu'elle est pratiquée, se répand à partir de 1520 en Europe de l'Ouest, notamment à l'initiative de Martin Luther. C'est la Réforme. Les protestants condamnent la richesse de l'Église et contestent violemment l'autorité du pape. Cette opposition ouvre une longue période de guerres de religion entre réformés et catholiques, fidèles au pape et à la pratique religieuse traditionnelle.

Un jardin à la gloire du Roi-Soleil

Le château de Versailles

p. 24-25

Fronde

Cette période de troubles s'étend au début du règne de Louis XIV, alors que ce dernier est encore enfant et que le gouvernement est assumé par sa mère, Anne d'Autriche, régente du royaume. Ces révoltes sont organisées par la noblesse et par les parlementaires, qui contestent autant les impôts que la gestion de l'État.

Perspective

Technique utilisée pour donner à une scène dessinée une impression de relief et de profondeur.

Voltaire, un dîner de philosophes

Le château de Ferney

p. 26-27

Censure

Contrôle exercé par l'État sur les publications et les informations : les livres, les journaux, les spectacles sont examinés par des censeurs choisis par le gouvernement, avant d'être publiés ou représentés. Ils sont censurés, c'est-à-dire interdits ou modifiés, s'ils ne conviennent pas au pouvoir en place.

Embastillé

La Bastille était, jusqu'à la Révolution française, une grande prison aux portes de Paris. Le roi pouvait y faire enfermer qui il voulait sans procès, sur simple dénonciation. On disait des personnes qui y étaient envoyées qu'elles étaient « embastillées ».

Monarchie absolue

Depuis Clovis, roi des Francs, la France est gouvernée par des rois. C'est ce que l'on appelle la monarchie. Au cours du XVIIe siècle, la puissance du roi se renforce. Louis XIV finit par détenir tous les pouvoirs, au détriment des parlements, devenant un monarque absolu : c'est lui, désormais, qui définit les lois, les fait mettre en œuvre et dirige la justice.

Pamphlet

Court texte rédigé en prose ou en vers sur un ton agressif et violent contre une institution ou une personne connue. Les pamphlets, ou libelles, étaient distribués dans la rue et jouaient un grand rôle auprès de l'opinion du public.

Les derniers jours de Marie-Antoinette

La prison de la Conciergerie

p. 28-29

Sans-culottes

Révolutionnaires les plus engagés du début de la Révolution. C'est sous ce nom que se désignaient eux-mêmes ces gens du peuple qui portaient des pantalons, par opposition aux membres de l'aristocratie, vêtus de culottes plus courtes et ajustées.

Tribunal révolutionnaire

Entre 1793 et 1795, ce tribunal d'exception juge les crimes commis contre la Révolution et la sûreté de l'État.

L'ÉPOQUE CONTEMPORAINE

Il s'agit de la période qui commence à la Révolution française, en 1789, et s'étend jusqu'à nos jours.

Le sacre de Napoléon Ier

La cathédrale Notre-Dame de Paris

p. 30-31

Consulat

Il s'agit du régime politique de la France qui est institué à l'issue d'un coup d'État en 1799. Il porte au pouvoir le général Bonaparte, futur Napoléon Ier. Il prend fin en 1804, avec la proclamation de l'Empire.

Mamelouk

Les mamelouks de la Garde républicaine, d'origine égyptienne, sont une unité de cavalerie fondée par Napoléon Bonaparte à son retour d'Égypte.

Sénat

Chambre haute qui, avec l'Assemblée nationale, forme le Parlement.

L'obélisque de Louxor

La place de la Concorde

p. 32-33

Cabestan

Treuil autour duquel on enroule un câble pour tirer de lourdes charges.

Hiéroglyphes

Système d'écriture utilisé dans l'Égypte ancienne. Il s'agit d'idéogrammes, c'est-à-dire qu'un signe représente une idée, un objet ou une personne, non un son.

Obélisque

Colonne de pierre taillée à quatre faces et portant à son sommet une petite pyramide.

Pierre de Rosette

Ce fragment de stèle, baptisée d'après le village de Rosette où elle a été découverte pendant la campagne d'Égypte, porte trois versions d'un même texte, deux en égyptien et une en grec. Ce triple texte a permis à Champollion, le premier, de déchiffrer les hiéroglyphes égyptiens.

Les funérailles de Victor Hugo

De l'Arc de triomphe au Panthéon

p. 34-35

Exil

On parle d'exil lorsqu'une personne est contrainte par le pouvoir auquel elle s'oppose ouvertement de quitter son pays temporairement ou définitivement.

Garde républicaine

Régiments de la gendarmerie (cavalerie, fanfare…) qui assurent la sécurité de hauts personnages de l'État, ainsi que du public. Basée à Paris, la Garde républicaine a une mission de représentation et de rayonnement culturel en France comme à l'étranger.

Sarcophage

Caisse utilisée lors d'une cérémonie funèbre pour transporter le corps du défunt et le mettre en terre. Le sarcophage est en pierre, alors que le cercueil est en bois.

Les expositions universelles

De la tour Eiffel au Trocadéro

p. 36-37

Exposition universelle

Événement international institué en Angleterre au milieu du XIXe siècle pour présenter les réalisations industrielles des différentes nations. Sept expositions universelles se tiennent à Paris entre 1855 et 1937.

Hydraulique

Se dit d'un appareil qui fonctionne en utilisant la force ou la pression de l'eau.

Clemenceau au chevet des soldats

Les tranchées de Verdun

p. 38-39

Bataille de Verdun

Cette bataille, exceptionnelle par son ampleur et sa durée, s'est déroulée du 21 février au 18 décembre 1916 à Verdun, en Lorraine. C'est une victoire française, mais 700 000 soldats allemands et français périssent dans l'affrontement.

Front

Zone des combats.

Mutinerie

En 1917, certains soldats se révoltent et refusent d'obéir aux ordres ou de combattre. Ces mutineries sont durement réprimées par l'état-major militaire afin de décourager d'autres rébellions.

Offensive

Attaque d'une armée.

Poilus

Surnom donné aux soldats français de la Première Guerre mondiale. Il fait référence à leur barbe et à leur moustache qu'ils ne pouvaient raser ou entretenir du fait des effroyables conditions de vie et d'hygiène dans les tranchées.

Tranchée

Long fossé creusé dans le sol non loin des lignes ennemies, destiné à abriter les combattants.

Glossaire

Les congés payés

De la gare du Nord à Berck-Plage

p. 40-41

Fascisme

Ce régime, fondé sur la dictature d'un parti unique, s'est établi en Italie de 1922 à 1945, sous l'autorité de Benito Mussolini. Il se caractérise par l'exaltation de l'idée de la patrie et d'une organisation traditionnelle et autoritariste de la société.

Front populaire

Coalition de partis de gauche formée en 1936 afin de remporter les élections. On a conservé ce nom pour le gouvernement qui a dirigé la France de 1936 à 1939.

Grève

C'est ainsi que l'on désigne l'interruption coordonnée du travail par les salariés d'une entreprise qui veulent faire pression sur leur patron pour obtenir quelque chose (augmentation de leurs salaires, amélioration des conditions de travail...). On parle de grève générale quand de nombreuses entreprises sont touchées par une grève en même temps.

Paris libéré

Les Champs-Élysées

p. 42-43

Forces françaises libres

Les Forces françaises libres (FFL) regroupent environ 8 000 hommes en 1941. Sous la direction du général de Gaulle, elles luttent aux côtés des Alliés en Afrique du Nord. Constituées en une véritable armée à la fin de la guerre, elles participent à la libération de la France.

Résistants

Les résistants sont les hommes et les femmes qui se sont engagés contre le nazisme, la collaboration et le régime de Vichy, certains dès 1940. Ils combattent pour libérer la France occupée par l'Allemagne hitlérienne.

Mai 68, les révoltes étudiantes

La Sorbonne

p. 44-45

Trente Glorieuses

Période de forte croissance économique après la Seconde Guerre mondiale entre 1946 et 1975.

Centre des monuments nationaux
Président **Philippe Bélaval** — Directrice générale **Bénédicte Lefeuvre**
Éditions du patrimoine Directeur des éditions **Antoine Gründ**
Responsable des éditions **Catherine Donzel**
Fabrication **Carine Merse** — Correction **Marjorie Bensaada**

Édition **Pauline de Ayala** — Conception graphique **zoo, designers graphiques**
Réalisation graphique **Sylvie Lelandais**
Photogravure **Quadrilaser, Ormes** — Impression **PBtisk, Příbram, République tchèque**
Achevé d'imprimer en **octobre 2019** — Dépôt légal : **octobre 2019**
Loi n° 49-956 du 16 juillet 1949 sur les publications destinées à la jeunesse.